PAIDEIA EDUCACIÓN

EMMANUEL KANT

La crítica de la razón pura

Análisis literario

Paideia Educación

ISBN 978-2-7593-1399-0

Depósito legal: octubre 2021

Imprimir Books on Demand GmbH

In de Tarpen 42

22848 Norderstedt, Alemania

Índice

BIOGRAFÍA DE EMMANUEL KANT

Emmanuel Kant nació el 22 de abril de 1724 en Königsberg, Prusia Oriental, en el seno de una familia modesta. Recibió una rigurosa educación moral de sus padres y asistió al Collegium Fridericianum, donde aprendió latín, griego y teología. Fue en la Universidad de Königsberg donde Kant adquirió, gracias a las enseñanzas de Martin Knutzen, una formación basada en el estudio de Newton y Wolff. También desarrolló conocimientos de matemáticas, física y filosofía. Su primera obra, *Pensamientos sobre la verdadera evaluación de las fuerzas vivas*, sobre la medición de la fuerza de los cuerpos en movimiento, se imprimió en 1746.

Ese mismo año murió su padre y obligó a Kant a abandonar Königsberg para ser tutor de tres familias. De 1747 a 1750, Kant se ocupó de los hijos del pastor Andersh. En el verano de 1750, enseñó a los tres hijos del comandante von Hülsen. Por último, fue tutor del Conde de Keyserling y al mismo tiempo alumno de la Condesa de Keyserling en el arte de la buena conversación.

En 1755 se doctoró en la Universidad de Königsberg y dio clases como profesor recibiendo un sueldo de parte de sus alumnos. Analizó las obras de Newton, Hume y Rousseau. Bien visto en la universidad, se consideró su nombramiento como profesor universitario. En 1762, se liberó una cátedra de «poesía», pero Kant, aunque era capaz de enseñar muchas materias, prefirió rechazarla. En 1769 estaba a punto de abandonar Königsberg para ir a Erlangen, pero la muerte de un profesor de matemáticas le permitió indirectamente ser nombrado profesor titular de lógica y metafísica. Defendió su tesis de habilitación con la famosa *Disertación de 1770*.

De 1770 a 1797, Kant continuó su labor como docente y publicó sus principales obras. Su carga de trabajo era considerable; daba clases al menos dos horas al día. En 1781, cuando Kant tenía cincuenta y siete años, publicó la *Crítica de la razón pura* para establecer un juicio casi jurídico sobre el poder de la razón humana. Le seguirán otras dos *Críticas* que se convertirían en una obra esencial en la historia de la filosofía.

A menudo se presenta a Kant como un hombre muy rígido con un estilo de vida muy riguroso. Aunque su personalidad es parecida, no es austero e inflexible. Le gusta reunir regularmente a sus amigos en torno a su mesa, su humor se hace notar entre los que le rodean y le gusta jugar a las cartas y al billar. Además, prefiere las conversaciones sobre temas de actualidad o accesibles a todos que los debates de tipo científico, académico. Su cortesía y benevolencia lo convierten en una persona agradable.

Emmanuel Kant estaba tan interesado en las ciencias naturales como en las ciencias sociales. Su monumental obra es el origen de lo que se conoce como idealismo alemán. Fichte, Schelling y Hegel fueron los representantes de esta corriente de pensamiento tan influyente en la historia de las ideas.

Kant murió a la edad de ochenta años el 12 de febrero de 1804 en su ciudad natal, Königsberg.

PRESENTACIÓN DE LA OBRA

La primera versión de la obra *Crítica de la Razón Pura* fue publicada en 1781 y luego en una versión editada en 1787. Kant consideraba esta segunda edición como una mejor versión que la primera. Nuestro análisis se basa en la traducción de Alain Renaut, publicada por Garnier-Flammarion en 2006. La obra *Crítica de la Razón Pura* es una de las más grandes que ha producido la filosofía. Redefine la metafísica al proponer exponer las capacidades y los límites de nuestra facultad de conocimiento y establece una poderosa reforma del discurso sobre el Ser. El poder de representación del hombre le lleva a estar en el centro de la teoría del conocimiento rechazando cualquier postulado divino.

El análisis del prefacio de la edición de 1781 nos ayudará a comprender lo que está en juego y el alcance de la filosofía crítica de Kant. En efecto, en el prefacio se define el estatuto de una ciencia y los medios que deben utilizarse para constituirla. Se analizarán la lógica, la física y las matemáticas para comprender el problema de la metafísica. El proyecto de la obra se anuncia desde el prefacio, es necesario un examen preciso para entrar y comprender la precisión y el alcance del sistema filosófico que la tradición define como la catedral de Kant.

RESUMEN DE LA OBRA

El prefacio de *Crítica de la razón pura* es relativamente corto pero muy denso. Expone con claridad el programa kantiano e invita al lector a considerar las cuestiones fundamentales que están en juego en toda la *Crítica.*

Un camino seguro hacia la metafísica

Kant comienza su exposición con el problema del objetivo a alcanzar y el modo de lograrlo. Hay que definir un objetivo y elaborar los medios para alcanzarlo. El objetivo es alcanzar el «camino seguro» de la ciencia. La lógica es el ejemplo más llamativo de la ciencia. No ha sufrido ningún cambio sustancial desde la Grecia clásica, sólo se han añadido algunas sutilezas sin importancia. ¿Por qué la lógica es una ciencia? Porque, dice Kant, tiene límites. Además de los límites, la ciencia requiere un conocimiento *a priori*. Las matemáticas y la física se basan en este conocimiento *a priori* al forjar sus principios independientemente de la experiencia sensible. Los ejemplos de Tales, Galileo, Torricelli y Stahl se mencionan para subrayar el hecho de que el conocimiento sólo es posible y seguro si se aprovecha y utiliza el poder de la razón humana. Así, Kant quiere que la razón se dirija a la naturaleza obligándola a responder a sus preguntas en lugar de ser gobernada por ella. La metafísica debe tomar este camino para tener el valor de una ciencia. Este es el objetivo que se propone el filósofo. Dado que la metafísica tradicional es dogmática, falaz y contraproducente, es necesario sustituir este ensayo y error por un camino claro y seguro. Esta es la intención que guía a Kant en la *Crítica de la Razón Pura* y que pretende alcanzar en la historia de las ideas.

El método crítico

El *a priori* es el punto de partida del conocimiento objetivo. Designa el poder de la razón para forjar sus propios principios con el fin de obtener el conocimiento de algo. «Sólo sabemos de las cosas lo que nosotros mismos ponemos en ellas», dice Kant. Estos principios a priori son necesarios pero no suficientes para el conocimiento objetivo. Se necesita un método que permita el uso correcto de estos principios sin restringir por ello los límites del poder de la razón. Kant define la *Crítica de la razón pura* como «un tratado sobre el método y no un sistema de ciencia propiamente dicho». La Crítica se encarga de esbozar los contornos de la metafísica. Tiene una función negativa por la autoridad que otorga al desviarnos del campo de la experiencia sensible y una función positiva al purificar el uso práctico de la razón.

El papel de la filosofía

El papel de la filosofía es privar a la metafísica de cualquier influencia dañina, previniendo y evitando los errores. Esto presupone una distinción entre la cosa en sí y el fenómeno. De ahí que las ideas de alma, libertad y Dios puedan tener una función práctica y positiva indispensable para la apreciación y comprensión del mundo. La filosofía se encarga, pues, de preparar el advenimiento de una metafísica sólida basada en la crítica de su instrumento: la razón pura.

El prefacio concluye con las reflexiones de Kant sobre las correcciones de la primera edición, el estilo utilizado y las controversias que desea evitar para la publicación de sus futuras críticas.

LOS MOTIVOS DE SU ÉXITO

Una nueva objetividad

La *Crítica de la Razón Pura* es una de las obras más fundamentales de la filosofía. La creatividad de la obra, la grandeza del sistema, la precisión del análisis están orientados a examinar y redefinir los sistemas metafísicos posteriores. La *Crítica de la Razón Pura* se publicó en 1781 (primera edición), en una época en la que dos sistemas se disputaban el camino de la verdad, el escepticismo y el dogmatismo. El escepticismo, defendido por Berkeley y Hume, denunciaba la imposibilidad de alcanzar la certeza de la existencia de las cosas y, por tanto, del conocimiento absoluto de sus relaciones. El dogmatismo, en cambio, defiende la idea de que la existencia y el conocimiento de las cosas son absolutamente accesibles por la naturaleza de nuestra razón. Esta línea de pensamiento es característica de Descartes y posteriormente de Leibniz y Wolff. Una de las funciones de la *Crítica* kantiana será la de sobrepasar la oposición entre realismo e idealismo característica de estas dos filosofías. Esto requiere una revisión completa de las leyes de la mente humana y un acceso al objeto central de esta obra: la razón pura. En efecto, es a partir de su examen que el sistema kantiano romperá con las influencias del realismo y del idealismo. La novedad surgirá al no cuestionar ya la relación entre el sujeto y el objeto, sino al cuestionar el sujeto y sus propias representaciones. La objetividad debe buscarse a través de la conciencia del sujeto y no en la relación que tiene con la exterioridad del mundo.

Una revolución en la historia de las ideas

Sin embargo, la revolución kantiana no se dejó sentir inmediatamente. Los pocos lectores de la primera publicación de la *Crítica* no entendieron el sentido de la obra kantiana y la criticaron con dureza. Sin embargo, en 1804, algo más de veinte años después, el número de comentarios sobre el sistema kantiano aumenta y surge de a poco el éxito. Para comprender el lugar que ocupa la *Crítica de la Razón Pura* en la historia de las ideas, debemos adoptar una perspectiva más profunda y alejarnos de la recepción de la obra. Desde *Las revoluciones de las órbitas celestes* (1543) de Copérnico, pasando por Descartes y Galileo, hasta *Principia matemática* (1687) de Newton, se produjo una revolución científica esencial en los siglos XVI y XVII. El mundo cerrado y finito dio paso a un universo abierto e infinito que el hombre pudo captar gracias al «lenguaje matemático» del mundo. El hombre pierde sus antiguos puntos de referencia y debe forjar otros nuevos. Kant fue el primero en establecer la finitud del hombre como criterio de conocimiento del mundo ante Dios o el Absoluto. La visión real del mundo se basa en la finitud del ser humano, es decir, en su conciencia limitada y fija. A partir de esto, Kant argumenta que el Absoluto no puede ser alcanzado por la conciencia limitada del Hombre, es una cuestión de honestidad intelectual. Dios no puede ser conocido objetivamente (lo que no implica su inexistencia). Kant invierte la relación entre lo absoluto y lo relativo haciendo de lo finito la condición por la que se relativiza lo absoluto. Dios es una mera «Idea» y su realidad objetiva es indemostrable. Es precisamente esto lo que hace de la *Crítica de la razón pura* un pilar esencial en la historia de las ideas.

La aparición de un nuevo método

¿Cómo rompió Kant con las tradiciones realistas e idealistas? El método crítico lo explica. De hecho, abre una vía para que la filosofía vaya más allá de la confrontación entre los dos sistemas de pensamiento y traza un nuevo mapa del sujeto y del mundo. El prefacio de la *Crítica* muestra el desarrollo de una filosofía que acompaña al hombre en su búsqueda de la verdad al tiempo que lo aleja de los peligros inherentes a su capacidad de conocimiento. Las ideas de Dios, la libertad y el mundo que se consideran objetivamente verdaderas y reales son peligrosos porque la razón excede su propio poder y expresa un juicio dogmático sobre un objeto que no puede captar mediante la experiencia. La grandeza de la *Crítica* consiste en proteger esos objetos suprasensibles situándolos correctamente en el campo de la ciencia; en definitiva, nos invita a considerar por derecho las posibilidades de nuestro conocimiento respecto a la metafísica. Finalmente, pues, la *Crítica de la Razón Pura* desarrolla una filosofía que pretende guiar a la razón para que manifieste su brillo y sus ambiciones de forma legítima y universal.

LOS TEMAS PRINCIPALES

Conocimiento a priori

La reflexión doscientos ochenta y dos de Kant en las *Reflexiones de Duisburgo* de 1775 dice: «¿Cómo puede generarse el conocimiento en nosotros, cuando sus objetos no se nos presentan?», A esto, Kant responde que los objetos poseen una existencia sensible independiente que no proporciona una base sólida para el conocimiento objetivo. Para lograr la objetividad no es necesaria la existencia del objeto sensible, sino que es la existencia del objeto para la razón lo que hace necesaria su objetividad. En otras palabras, la razón tiene el poder de ampliar su campo de conocimiento de forma sintética al vincular los objetos de la mente. Así pues, no es el conocimiento el que está regulado por los objetos, sino que son los propios objetos los que están regulados por el conocimiento.

«Intentemos ver si no tendríamos más éxito con los problemas de la metafísica si admitiéramos que los objetos deben ser regulados según nuestro conocimiento -lo que ya es más acorde con la pretendida posibilidad de un conocimiento *a priori* de estos objetos que debe establecer algo sobre los objetos antes de que nos sean dados. Es como con las primeras ideas de Copérnico, quien, como no le fue bien con la explicación de los movimientos celestes al admitir que todo el conjunto de estrellas giraba alrededor del espectador, intentó ver si no tendría mejor éxito haciendo girar al espectador y dejando en cambio inmóviles a las estrellas. Ahora, en metafísica, se puede hacer un intento similar con respecto a la *intuición de los* objetos".

Así, las leyes de la naturaleza son, según Kant, las condiciones de posibilidad de la realidad de los hechos. La existencia de los objetos se origina en la disposición del Hombre, en su naturaleza. La razón tiene una arquitectura que da a los objetos una existencia real, la base de todo conocimiento objetivo. El ejemplo de Tales, Galileo y Torricelli lo atestigua : «Comprendieron que la razón sólo ve lo que ella misma produce según su objetivo.» El sujeto y el objeto dejan entonces de estar separados y la naturaleza se convierte en un escenario donde los hechos son posibles y se hacen reales gracias al material de la sensibilidad y a la intervención de la razón. La unión de la sensibilidad y la razón define el espacio limitado del conocimiento. El conocimiento objetivo está enraizado en las estructuras *a priori* de la razón, es decir, en el sistema que hace posible su realidad. Precisemos que la realidad para Kant expresa la existencia de un conjunto de objetos inscritos en el campo de conocimiento de la razón humana. Los objetos que no tienen referente en el mundo sensible no pueden ser reales sino simplemente posibles, ¿Qué es el conocimiento *a priori*?

Vemos que la posibilidad de la realidad de los objetos de conocimiento se basa en un *a priori*, es decir, en una base no empírica que expresa la necesidad y la universalidad. Por tanto, es la esencia universal del conocimiento la que está en juego cuando hablamos de *a priori*. Para expresar el alcance del conocimiento *a priori*, Kant plantea el siguiente problema: ¿cómo son posibles los juicios sintéticos *a priori*? La respuesta requiere saber qué es un juicio. Kant lo define como un acto por el cual un concepto y una intuición o una idea y una cosa se unen en forma de síntesis. Los juicios sintéticos son de tres tipos.

1. Juicios perceptivos: derivan su existencia del mundo sensible y no permiten establecer verdades necesarias y universales;
2. Juicios matemáticos: son independientes de cualquier experiencia y se caracterizan por su necesidad y universalidad. Proceden por la construcción del concepto en la intui-

ción sensible (por ejemplo, triángulo) de forma puramente *a priori*;

3. Juicios de la física: no son propiamente *a priori* ya que provienen de la experiencia sensible, sin embargo se basan en *principios sintéticos a priori* (como la causalidad) e implican a las matemáticas en el mundo sensible.

Son los dos últimos juicios los que nos interesan aquí, y más concretamente el juicio físico, ya que nos dice que la experiencia sensible se basa en *principios sintéticos a priori*. Así, la experiencia sólo es posible a través de sus *principios a priori*. Desde este suelo del *a priori*, la ciencia encuentra su posibilidad de realización. En la *Crítica*, Kant se encarga de describir las estructuras *a priori* del conocimiento en forma de análisis (remontándose a los principios) para centrarse no en los objetos del conocimiento como tales, sino en la posibilidad y la forma del conocimiento mismo. Por ello, el prefacio de la *Crítica de la razón pura* hace hincapié en las ciencias duras como la lógica, las matemáticas y la física como modelos que la metafísica debe utilizar para establecerse como una verdadera ciencia. El descubrimiento del juicio sintético *a priori* revela el poder de la razón humana, que debe tener «en una mano sus principios, en virtud de los cuales sólo los fenómenos concordantes pueden tener el valor de leyes, y en la otra la experimentación que ha concebido según estos principios». Por último, el estudio crítico de Kant debe lograr lo que ninguna filosofía ha logrado demostrar hasta ahora: las reglas *a priori* de la razón captan la variedad de objetos del mundo sensible y permiten ordenarlos y acordarlos.

Aunque los principios *a priori sirven* de sólida base para el edificio de Kant, son sin embargo insuficientes para elevar el sistema de conocimiento a una perfecta coherencia. Esto último se establecerá redefiniendo la relación entre el fenómeno y la cosa en sí.

La distinción entre fenómeno y cosa en sí

La filosofía crítica de Kant revolucionará la relación entre el sujeto y el objeto. Antes, con Descartes, teníamos una clara separación entre estos dos polos. Dios, en la filosofía cartesiana, debe intervenir para garantizar la validez de nuestro conocimiento, de ahí que el objeto para nosotros se corresponde bien con el objeto en sí. La objetividad científica está garantizada por Dios, el sujeto no puede ser engañado ya que el concepto de Dios incluye su perfección y por tanto la imposibilidad de engaño. Para Kant, a partir de la *Crítica*, la objetividad no hay que buscarla allí afuera, en un más allá del sujeto, sino en la conexión de las representaciones dentro del propio sujeto. La separación entre el objeto y el sujeto ya no tiene sentido aquí. El para sí (es decir, la representación subjetiva que tenemos del objeto sin pretender alcanzarlo por completo) se convierte en la única instancia de objetividad científica. El entendimiento determina lo que podemos sostener como objetivo.

La deducción de nuestro poder *a priori* de conocer nos ordena limitar nuestro conocimiento a los objetos sensibles que están regulados y ordenados por las reglas del entendimiento (o más ampliamente de la razón). Este poder nos da acceso a los fenómenos (al para sí) sin permitirnos acceder al en-sí que está fuera de la representación. Esta distinción entre fenómeno y cosa-en-sí es de gran importancia en la filosofía crítica de Kant, ya que permite pensar en la representación del sujeto de un objeto como suficiente para el establecimiento del conocimiento objetivo.

La contradicción que ve nuestro conocimiento asentado en los objetos como cosas en sí-mismas despliega una metafísica dogmática y pretenciosa. Va más allá de sus propios límites para perderse en la espesa niebla de la cosa en sí, que también se llama lo incondicionado. Pero esta última es una idea necesaria de la razón, una idea presente en su naturaleza que la lleva a ir «más allá de los límites de la experiencia y de todos los fenómenos». Se trata, pues, de tomar conciencia de la razón, ya que ésta «nos atrae con espejismos y acaba por abusar de nosotros». La distinción entre representación sensible (fenómeno) y representación inteligible (cosa-en-sí) evita tales señuelos y espejismos al afirmar que el conocimiento sólo surge de la relación sincrónica entre las reglas *a priori* del entendimiento y los fenómenos del mundo sensible.

Tenemos que entender qué método utiliza Kant para analizar la razón pura.

El método crítico al servicio de la metafísica

La *Crítica de la Razón Pura* analiza nuestra facultad de conocer y revela el poder legislativo de la razón hacia los objetos. Estos últimos están regulados, ordenados, organizados por las reglas *a priori* de nuestro poder de conocimiento. La naturaleza ya no manda al hombre. El método crítico de Kant invierte los poderes y decreta a la razón humana como legisladora de la naturaleza. Esto es una revolución. Una revolución cuyo sentido más fundamental es salvar la libertad y la metafísica. El prefacio expresa explícitamente la importancia de salvar la libertad.

«Una Crítica que limita la razón especulativa es, como tal, ciertamente *negativa*, pero como suprime al mismo tiempo un obstáculo que restringe el uso práctico o incluso amenaza con aniquilarlo, es de hecho de uso *positivo* y es muy importante en cuanto se está convencido de que hay un uso práctico absolutamente necesario de la razón pura (uso moral).

Como vemos, la crítica presupone un interés práctico de la razón. La *Crítica de la Razón Pura* se ocupa de la razón especulativa, tratando de limitar sus pretensiones, de evitar que se equivoque, de hacerla firme y eficaz para el uso moral. Elimina el obstáculo «que restringe el uso práctico», es decir, la negación de la libertad por la tesis del determinismo. Esta última es la expresión de una fidelidad del campo suprasensible a las leyes de causalidad que rigen los fenómenos sensibles inscritos en el espacio y el tiempo. La *Crítica* descarta la posibilidad de conocer lo suprasensible, dejando un espacio práctico en el que el pensamiento y la acción tienen lugar fuera del conocimiento científico. Así, limitando el poder especulativo de la razón mediante el método crítico, preservamos la existencia de la idea de libertad. Kant no pretende conocer la libertad, no puede. En cambio, defiende la concordancia entre la idea de libertad como cosa-en-sí y la causalidad del mundo natural. La distinción entre fenómeno y cosa-en-sí permite pensar en la existencia de la libertad en el mundo. Además, la existencia de la libertad es la condición de la moral en nuestro mundo. La *Crítica de la Razón Pura* permite que la metafísica constitutiva del ser humano (estructuras *a priori* de la razón) se manifieste legítimamente en un espacio de libertad, deber y religión no sujeto a las condiciones del conocimiento científico. Kant expresa el objetivo práctico de su teoría de la siguiente manera:

«Así que tuve que dejar de lado *el conocimiento* para dejar espacio a *la creencia.* »

La creencia, la libertad, el deber, el alma, deben distinguirse de la esfera especulativa del conocimiento objetivo. La Crítica preserva el mundo práctico del deseo de la razón especulativa de anexar todo. El prefacio de la *Crítica* ya nos dice lo que el hombre no puede conocer objetivamente. La libertad, Dios, el alma son Ideas trascendentales más allá del alcance de nuestro conocimiento. Sin embargo, (el prefacio) anuncia desde el principio que estas Ideas trascendentales descubiertas por el método crítico son necesarias para la vida humana. Para la inmortalidad del alma, Kant afirma que es «una disposición de la naturaleza, perceptible en todo individuo, tal que le induce a no contentarse nunca con lo temporal». La libertad nace de una «simple presentación clara de los deberes en su oposición a todas las pretensiones de las inclinaciones». Por último, «el orden, la belleza y la magnífica previsión que aparecen por doquier en la naturaleza deben haber producido por sí solos la creencia en un *autor* sabio y poderoso del *mundo*».

El método kantiano conserva intacto este ámbito suprasensible y señala el dogmatismo de ciertas escuelas que pretenden poseer estas verdades, pero que son inaccesibles desde el punto de vista del conocimiento objetivo. La crítica pone de manifiesto la importancia de este ámbito suprasensible y extrae una filosofía práctica coherente con los fines morales de la humanidad.

«Es sólo por medio de esta Crítica que pueden erradicarse el *materialismo*, el *fatalismo*, el *ateísmo*, la *incredulidad* de los librepensadores, la exaltación del espíritu y la superstición, que pueden ser universalmente perjudiciales, y finalmente también el *idealismo* y el *escepticismo*, que son más peligrosos para las escuelas y que difícilmente pueden pasar al público.

La filosofía de Kant se establece en contra de todo dogmatismo, es decir, de toda creencia en un conocimiento desvinculado de la relación entre el concepto y la cosa; donde el concepto posee un valor absoluto y es indiferente a la realidad de la cosa para establecer su verdad. El objetivo de la Crítica constituye «el dispositivo preliminar necesario para preparar el establecimiento progresivo de una metafísica sólida que posea el valor de una ciencia».

ANÁLISIS DE LA CORRIENTE FILOSÓFICA

Crítica de Kant para la mejora del hombre

La *Crítica de la Razón Pura* aborda la contradicción que opera la realidad entre las cosas que nos son aparentes y las que nos son ocultas. La distinción entre fenómenos y cosas-en-sí-mismas establece la posibilidad de la ética y nos lleva a un mundo de deberes y acciones (*Crítica de la Razón Práctica*). La filosofía es el esfuerzo hacia la sabiduría, es decir, la búsqueda de los fines incondicionales de la humanidad (*Crítica de la Facultad de Juzgar*). Esta búsqueda no puede tener éxito desde el punto de vista del conocimiento, pero sí desde el punto de vista moral. Así, la sabiduría identifica el conocimiento y la acción con el objetivo práctico de mejorar al hombre. Una mejora que requiere el uso adecuado de la razón y una crítica de su poder. Una razón criticada o educada es una razón que conoce sus derechos y deberes, su finalidad es práctica. Kant es el fundador de una metafísica positiva que nos hace legisladores del mundo en el que vivimos. La finitud garantiza nuestro poder para legislar las cosas del mundo.

El post kantianismo

Tras la muerte de Kant, el movimiento postkantiano fue más allá del kantianismo. La cosa en sí misma está en el centro de este renacimiento y superación. En efecto, la existencia de la cosa-en-sí ha sido siempre un problema en la recepción de la obra de Kant, pues algunos la consideran necesaria para el equilibrio del sistema filosófico, mientras que otros, como Fichte, prefieren el abandono de una instancia inaccesible que lleva a una tendencia al escepticismo. Schelling retomó la crítica de Fichte a la filosofía kantiana. Se expondrá el problema de la identidad del Yo y del No-Yo. Hegel intentará radicalizar la posición de Schelling aboliendo los dualismos entre sujeto y objeto, forma y materia, causa y efecto. Su objetivo es alcanzar la unidad concreta de la realidad tratando de superar el principal problema del kantianismo, a saber, la no unidad del ser y la idea.

Los neokantianos

En la década de 1860, el neokantismo surgió en Alemania sobre las ruinas de la filosofía hegeliana. La ciencia hegeliana de la totalidad no estaba de acuerdo con el conocimiento científico. Como sostenía Hegel, si una parte del sistema se derrumba, todo el sistema se derrumba con ello. La Escuela de Marburgo, fundada por Hermann Cohen, trató de redefinir la filosofía como una teoría de las condiciones de posibilidad del conocimiento. Kant fue fundamental en el desarrollo de esta redefinición. El dualismo de la materia y la forma resurgió y encontró un nuevo impulso tras el rechazo de las teorías propuestas por el post kantianismo. Cassirer revalorizará la materia en el dinamismo de la pareja forma-materia.

Kant y la fenomenología

El advenimiento de la fenomenología con Husserl y luego con Heidegger propone una lectura de Kant ligada a la cuestión de la ontología. La fenomenología busca el ser en el propio campo fenoménico. Las estructuras trascendentales del conocimiento y la cultura de la escuela de Marburgo son descartadas por la fenomenología para privilegiar la cuestión del ser directamente en el nivel del fenómeno. En efecto, para Husserl, a diferencia de Kant y de la escuela de Marburgo, las formas o condiciones de posibilidad del conocimiento ya no están disociadas de los objetos a conocer. Así, las formas, para Husserl, son absolutas (no relativas al sujeto humano como en Kant), trascendentes y presentadas a la conciencia del sujeto. La conciencia no es la fuente productiva de las condiciones de posibilidad del conocimiento sino que las recibe; por eso la forma en Husserl no es inmanente sino trascendente. Heidegger se relaciona con Husserl en su establecimiento de una ontología y en el modo de acceso fenomenológico necesario para acceder a ella. La cuestión del dualismo kantiano entre mundo y conciencia vuelve a ser planteada de forma novedosa por Heidegger, no para superarla, sino para pensarla en profundidad. La problemática no trata de cómo la conciencia puede convertirse en objeto de una conciencia absoluta, como privilegia Husserl, sino de la pregunta: ¿cuál es el modo de ser de la conciencia? ¿Cuál es el sentido del ser del ego? Estas son las preguntas fundamentales a las que Heidegger intenta responder en *Ser y Tiempo*.

Vemos los debates, los cuestionamientos y las cuestiones que la filosofía crítica de Kant ha planteado desde su muerte. Desde el idealismo alemán del siglo XIX hasta la fenomenología alemana y francesa del siglo XX (Sartre, Merleau-Ponty, Lévinas), Kant ha ejercido una influencia considerable en los grandes sistemas filosóficos de nuestra civilización.

CPSIA information can be obtained
at www.ICGtesting.com
Printed in the USA
LVHW020815271021
701667LV00004BA/670

9 782759 313990